AF299411

Paul COLLINET

PROFESSEUR A LA FACULTÉ DE DROIT DE L'UNIVERSITÉ DE LILLE

La Tradition des servitudes dans le droit de Justinien

EXTRAIT

DES

MÉLANGES P. F. GIRARD

PARIS

LIBRAIRIE ARTHUR ROUSSEAU

ÉDITEUR

14, RUE SOUFFLOT, ET RUE TOULLIER, 13

1912

La Tradition des servitudes dans le droit de Justinien

D'après une idée communément répandue, la tradition — qui, en droit classique, était seulement un mode prétorien d'établissement des servitudes, sous la double forme de l'*usus* de l'acquéreur, c'est-à-dire l'exercice de la servitude se manifestant par les actes normaux du titulaire, et de la *patientia* du constituant, c'est-à-dire la tolérance, le laisser-faire, — serait devenue dans le droit de Justinien un mode civil au même titre que le legs ou les pactes et stipulations, permettant la translation ou la déduction des servitudes. Le changement aurait eu pour cause le remplacement de la mancipation par la tradition dans les textes du Digeste (1).

Il ne nous paraît pas que, tout en exprimant la vérité sur la substitution de la tradition à la mancipation, la doctrine courante arrive sur sa nature à une précision assez grande en harmonie complète avec les solutions du Digeste et avec le commentaire de Stéphane.

En serrant de plus près les textes et en profitant des interpolations admises généralement, on doit aboutir, croyons-nous, à une conception moins simple. Il nous semble que, d'une part, la tradition reste, au Digeste, dans certains cas, un mode prétorien, et, d'autre part, que si, le plus souvent, elle y apparaît comme un mode civil comportant la déduction aussi bien que la translation, elle ne peut avoir pratiquement une efficacité juridique comparable à

---

(1) Voy. en particulier R. Elvers, *Die römische Servitutenlehre*, Marbourg, 1856, p. 707, 709; P.-F. Girard, *Man. élém. de droit rom.*, 5ᵉ éd., Paris, 1911, p. 375-376.

COLLINET.

celle des pactes et stipulations et ne forme pas un mode civil distinct à côté de ce dernier.

Pour appuyer ces idées nouvelles qui, tout en se séparant de celles du maître éminent en l'honneur de qui cet article est écrit, s'inspirent de sa méthode critique et progressive, il est nécessaire de marquer nettement l'opposition qui existe entre le droit de Justinien et le droit classique.

Par l'examen des textes du Digeste, relativement peu nombreux, où apparaît la tradition des servitudes, on voit bien vite que le droit de Justinien diffère du droit classique en ce que la tradition y remplit deux rôles au lieu d'un. En premier lieu, elle continue à jouer le rôle qu'elle tenait en droit classique; elle fonctionne toujours sous la forme de l'*usus* et de la *patientia*; mais alors la servitude est constituée *iure praetorio* indépendamment de l'aliénation de l'immeuble; nous l'appellerons la *traditio-usus*. En second lieu, elle joue un rôle nouveau, par le fait qu'elle remplace la mancipation ; ce rôle est-il le même que le précédent ? La tradition y fonctionne-t-elle encore dans la forme de l'*usus* ? Nous montrerons, avec autant de précision que possible, que le rôle et la forme de la tradition sont totalement diffé- rents de ce qu'ils étaient au premier cas; car, intervenant alors en connexion avec l'aliénation de l'immeuble dominant ou servant, elle s'y présente comme une *lex*, comme un *pactum traditionis*. Avec les textes, nous lui rendrons son caractère de pacte et nous l'appellerons la *traditio-pactum*.

C'est cette distinction de deux sortes de tradition, pro- duite par l'évolution même des procédés constitutifs des servitudes à deux périodes différentes de l'histoire et aussi dans deux parties différentes de l'Empire, qui éclaire le problème et permet de fixer le fonctionnement et la portée pratiques du mode non formaliste en droit byzantin (1).

---

(1) Nous ferons plusieurs fois dans cet article des références à nos *Etudes historiques sur le droit de Justinien*, t. I, *Le caractère oriental de l'œuvre légis- lative de Justinien et les destinées des institutions classiques en Occident*, Paris, 1912. Le présent article complète en effet et corrobore les idées émises par nous dans la Section de ce volume consacrée aux pactes et stipulations en matière de servitudes.

I. — La « Traditio-usus »

La tradition dont il s'agit ici suppose essentiellement que la constitution de la servitude est indépendante de l'aliénation de l'immeuble sur lequel elle porte.

I. — En droit classique, elle représente, comme la tradition des choses corporelles, la remise de la possession de la servitude dans la mesure et sous les conditions où la possession s'adapte au *ius servitutis*. C'est-à-dire que la possession, très exactement définie par Windscheid le « rapport de puissance de fait » (*das tatsächliche Machtverhältniss*), comportera comme éléments de fond l'exercice de la servitude par l'acquéreur (*usus*) en même temps que la volonté toute négative du constituant de permettre cet exercice (*patientia*) (1). Il y a donc ici, comme dans la tradition des choses matérielles, à la fois un élément de fait, une sorte de *corpus*, et un élément psychologique, une sorte d'*animus*. Les jurisconsultes romains réunissent les deux éléments sous le double nom de *traditio et patientia*, d'où l'on voit que la *traditio* répond plutôt, dans leur esprit, simplement à l'*usus*, ce qui justifie notre appellation.

Cette tradition des servitudes a eu, semble-t-il, pour point de départ le cas si fréquent de l'exécution de la servitude d'usufruit constituée par le mode civil du legs (2). Comme en matière de propriété, la tradition a commencé par fonctionner seulement à titre d'institution d'exécution de l'acte civil. Après l'ouverture du legs, l'acquéreur devenu titulaire du droit est mis dans la possibilité de l'exercer effectivement par une délivrance qui se rapproche de la livraison des

---

(1) Sur la *traditio* et la *patientia*, voy. en dernier lieu : Hugo Krüger, *Die prätorische Servitut*, Münster i. W., 1911, p. 42, 45 ; sur les rapports entre ces procédés et les pactes et stipulations, voy. le même, p. 45-47 et 106-108.

(2) Quoique les textes, comme on le verra, ne remontent pas au delà du II⁴ siècle, il n'y avait pourtant, pensons-nous, aucun obstacle juridique à ce que ce procédé fût employé même du temps de Labéon, dont l'opinion personnelle connue visait un autre cas que nous examinerons en temps voulu.

choses corporelles, puisqu'elle s'accomplit par une *inductio in fundum*, mais en y ajoutant un acte négatif permanent de la part du *tradens*, la *patientia* (1).

C'est ce que Gaius (2) déclare très nettement pour la délivrance du legs d'usufruit. Julien (3) laisse entendre clairement que la restitution du fidéicommis d'usufruit s'effectue par une tradition du même genre, consistant dans l'*usus* du fidéicommissaire, et Gaius, dans un autre passage (4), déclare en propres termes que la restitution du fidéicommis s'exécute par une *inductio in fundum*, comme il l'avait dit du legs. Stéphane (5), développant le *casus*, l'hypothèse à laquelle Julien songeait, le dit pareillement d'une façon positive en exposant à cette occasion, pour la seconde fois (nous retrouverons plus loin son premier passage), l'opinion qu'il se fait de l'effet purement « naturel » (φυσικῶς opposé à νομίμως) de la translation de l'usufruit par tradition. Il montre par là de la façon la plus nette que si Justinien a conservé cette première forme de la tradition, — la « tradition-délivrance », pourrait-on dire, — il ne lui a pas donné plus de portée qu'elle n'en avait en droit classique. Et cela se comprend d'ailleurs, car la tradition, envisagée à ce point de vue, a son domaine strictement limité, un domaine de pur fait, du même genre qu'en matière de legs de propriété. En l'espèce, elle n'a jamais représenté par elle-même un procédé de constitution des servitudes, pas plus qu'un mode de transfert de la propriété. Nous n'aurions donc pas insisté sur sa fonction primitive si nous ne pensions pas qu'elle a pu jouer son rôle dans la formation de la théorie de la *traditio-*

---

(1) Windscheid, *Pandekten*, § 163, n. 5, I, 7ᵉ éd., p. 842, distingue avec raison cette tradition de l'*usus iuris*, la véritable tradition constitutive du droit de servitude.

(2) Gaius, 2 *rer. cott.*, D. 7, 1, *de u. fr.*, 3, pr. : ..... *dare autem intellegitur, si (heres) induxerit in fundum legatarium eumve patiatur uti frui.*

(3) Julien, 17 *Dig.*, D. 7, 6, *si u. fr. pet.*, 3, vise la perte par non-usage de l'usufruit restitué au fidéicommissaire par *traditio*.

(4) Gaius, 1 *fideic.*, D. 33, 2, *de usu et u. fr.*, 29 : *Si quis usum fructum legatum sibi alii restituere rogatus sit eumque in fundum induxerit fruendi causa.....*

(5) Steph. [*index ad* l. 3, D. 7, 6], Bas. 16, 6, 3, sch. 2 (Heimbach-Zachariæ von Lingenthal, VII, p. 112).

usus, qui, elle, est un véritable procédé de constitution des servitudes.

Il est, en effet, probable que c'est la « tradition-délivrance » qui a servi de modèle à Javolenus quand, — dans le passage connu (1) où il oppose son opinion personnelle à la doctrine de Labéon (suivie encore plus tard par Pomponius) (2), — il reconnaissait une certaine force juridique à l'*usus* constitutif de servitude. La difficulté qui divisait Labéon et Javolenus naissait à propos du contrat de vente d'un *ius fundi*, par exemple, d'une servitude de passage (*via*). Sous quelle forme l'acheteur obtiendrait-il l'exécution du contrat? L'acheteur, d'après Labéon et Pomponius, ne pourrait devenir que créancier à la suite d'une promesse spéciale du vendeur de ne rien faire pour l'empêcher d'exercer la servitude réelle, parce que la tradition de la servitude n'était pas possible. Pour Javolenus, au contraire, mettant de côté la *cautio* et le droit de créance, il regarde l'*usus iuris* comme équivalent à la *traditio possessionis*, et il le déclare en conséquence protégé par les interdits quasi-possessoires (3). Sa doctrine personnelle paraît n'avoir d'autre base qu'une extension de la pratique de la tradition suivie pour l'exécution du legs d'usufruit. L'extension vise d'ailleurs non seulement le procédé même de réalisation, mais aussi la sanction, car il est permis de supposer que, avant d'être proposés ici par Javolenus, les interdits quasi-possessoires avaient été déjà imaginés par le préteur et ce ne pouvait être qu'en faveur des acquéreurs d'usufruit, rendus possesseurs ou quasi-possesseurs par l'effet de la remise du legs (4).

---

(1) Jav., 5 *ex post. Lab.*, D. 8, 1, *de serv.*, 20 : *Quotiens via aut aliquid ius fundi emeretur, cavendum putat esse Labeo per te non fieri quo minus eo iure uti possit, quia nulla eiusmodi iuris vacua traditio esset. ego puto usum eius iuris pro traditione possessionis accipiendum esse ideoque et interdicta veluti possessoria constituta sunt.*

(2) Pomp., 9 *ad Sab.*, D. 19, 1, *de act. empt. et vend.*, 3, 2.

(3) Elvers, *op. cit.*, p. 665-666.

(4) Cf. Ulpien, 70 *ad Ed.*, D. 43, 19, *de itin. actuq. priv.*, 3, 8 : *Sed et si quis usum fructum emit vel usum vel cui legatus est et traditus, uti hoc interdicto poterit.* — La tournure de la phrase finale de Javolenus, *ideoque et interdicta veluti possessoria constituta sunt*, permet de croire que ces interdits

Dans un développement juridique postérieur, que constate Ulpien (1), la *traditio* et la *patientia* reçurent la protection de la Publicienne. C'est à partir de ce moment que la tradition devint un mode véritable de constitution des servitudes, analogue aux modes ordinaires, mais un mode prétorien seulement (2).

II. — La question est de savoir si, dans le droit de Justinien, la *traditio-usus* a changé de nature pour prendre le caractère civil. La négative paraît certaine. Les preuves sont faciles à fournir.

D'abord, la négative résulte à l'évidence du fait que le

____

fonctionnaient déjà dans la pratique de son temps. — M. S. Perozzi, *I modi pretorii d'acquisto delle servitù* (*Riv. ital. per le scienze giuridiche*, XXIII, 1897, p. 3-50, 167-187), se proposant de démontrer que la tradition des servitudes vient entièrement de Justinien, entend le texte de Javolenus d'une façon toute personnelle et rejette comme interpolée la phrase en question (p. 31, 42). Quoique son système ait à peu près convaincu Ferrini, *Pandette*, § 364, p. 475, n. 4 et 5, § 382, p. 494 et n. 4, il est difficilement acceptable dans son ensemble (cf. nos *Etudes historiques*, t. I) : on peut seulement être d'accord avec lui sur quelques interpolations. Pour le passage en cause en ce moment, toute suspicion nous paraît cependant écartée par un texte de Gaius, 4, 139 (déjà signalé par Elvers, *op. cit.*, p. 672, n. *yy*), qui fait allusion aux interdits quasi-possessoires dans la définition même qu'il donne des interdits : *cum de possessione aut quasi possessione inter aliquos contenditur*. On remarquera que ce passage concorde avec Javolenus (sur lequel, par conséquent, Gaius n'est pas en retard à cet égard).

(1) Ulpien, *2 Inst.*, D. 8, 3, *de serv. praed. rust.*, 1, 2, déclare en termes généraux : *Traditio plane et patientia servitutium inducet officium praetoris.* Mais il parle spécialement de la Publicienne dans un autre endroit, Ulpien, 16 *ad Ed.*, D. 6, 2, *de Publ. in rem act.*, 11, 1 : *Si de usu fructu agatur tradito, Publiciana datur* : [*item servitutibus urbanorum praediorum per traditionem constitutis vel per patientiam (forte si per domum quis suam passus est aquae ductum transduci) : item rusticorum, nam et hic traditionem et patientiam tuendam constat*]. Pour l'interpolation des passages entre crochets, voy. plus loin, p. ~~101~~, n. 1. — Cf. encore Ulpien, 17 *ad Sab.*, D. 7, 4, *quib. mod. u. fr. amitt.*, 1, pr. = Vat. 62 (le mot *traditus* est absent de la version originale). — Cependant, M. H. Krüger, *op. cit.*, p. 5-7, 54-60, 86-89, soutient que la sanction des servitudes prétoriennes était simplement le groupe des interdits quasi-possessoires à l'époque classique; les actions mentionnées au Digeste, et en particulier la Publicienne, sont, pour lui, l'œuvre de Justinien.

(2) Elvers, *op. cit.*, p. 667-668. — Ce fut d'ailleurs le seul mode prétorien de constitution volontaire des servitudes, puisque le préteur n'a jamais accueilli les pactes et stipulations, comme nous croyons l'avoir démontré dans nos *Etudes historiques*, t. 1.

Digeste accepte les textes de Javolenus et d'Ulpien sans en changer la sanction.

Il y a plus, le passage où Ulpien concède la Publicienne en matière de *traditio usus fructus* a même été étendu à toutes les servitudes quelles qu'elles soient, par voie d'interpolation (1); une telle généralisation est la plus forte démonstration qui se puisse donner de l'acceptation par Justinien de la doctrine classique (2).

Enfin, les principes fondamentaux de la matière expliquent péremptoirement que la *traditio-usus* ne soit pas devenue, même en droit byzantin, un procédé civil de constitution. Dans les conditions de fait où l'*usus* entre en jeu, à la suite d'une vente, par exemple, il ne peut fonder le droit civil de servitude, puisque la vente ne constitue pas plus au vi^e siècle qu'au i^{er} un mode d'établissement de la servitude. Il n'y a

---

(1) L'interpolation du texte cité plus haut, p. 6, n. 1 (Ulp., D. 6, 2, 11, 1), a été démontrée déjà par M. Perozzi (*Riv. ital.*, XXIII, p. 32-33) (dans le même sens, Ferrini, § 386, p. 498, n. 5) à l'aide des critères suivants : ablatif non commandé, distinction sans fondement des servitudes urbaines et rurales, « proposition didactique » pour expliquer *patientia* donnant un exemple erroné de servitude urbaine (cf. *Bull. dell' Instit. di dir. rom.*, VII, 1894, p. 57). Cet exemple est sans doute plutôt une glose qu'une interpolation (les mots *forte si* s'emploient dans les deux cas). La phrase finale explicative *nam et hic — constat* paraît empruntée au premier texte d'Ulpien (D. 8, 3, 1, 2). Par contre, repoussant la thèse générale de l'auteur italien sur le byzantinisme de la *traditio servitutium*, nous n'admettons pas, comme lui, l'interpolation de *tradito* pour *empto* dans la phrase de début du fr. 11, 1.

(2) Il n'y a pas à attacher d'importance à un autre texte d'Ulpien (18 *ad Sab.*, D. 7, 1, *de u. fr.*, 25, 7) qui met au même rang que l'usufruit constitué *iure legati*, l'usufruit établi *per traditionem vel stipulationem vel alium quemcumque modum* (p. ex. par adjudication, dit Stéphane [*index ad h. l.*], Bas. 16, 1, 25, sch. 56; VII, p. 77). Il semble bien que la tradition et la stipulation figurent ici par suite d'interpolation (voy. la discussion critique du passage dans nos *Etudes historiques*, t. I). Mais, dans le droit de Justinien, le texte ne prouve pas pour cela que la tradition soit devenue un mode civil, car sa portée est limitée par son objet même ; le texte généralisé par les compilateurs vise uniquement à établir l'identité entre les divers modes de constitution au point de vue de l'acquisition *ex re fructuarii vel ex operis*. Peu importe à ce point de vue que l'usufruit soit constitué civilement ou prétoriennement. On se trouve ici en face d'une assimilation analogue à celle établie entre les divers modes au point de vue de la perte de l'usufruit par la *capitis deminutio* (Ulpien, 17 *ad Sab.*, D. 7, 4, *quib. mod. u. fr. amitt.*, 1, pr. = Vat. 61) : *... et parvi refert utrum iure sit constitutus usus fructus an vero tuitione prætoris.*

pas d'assimilation possible entre la tradition d'une servitude simplement achetée et la tradition de la propriété accomplie à la suite d'une vente. La seconde est translative de propriété parce qu'elle s'accompagne d'une *iusta causa* ; la théorie de la *iusta causa* n'existe pas en matière de servitude, ni dans notre cas, ni pour l'acquisition par long usage. Justinien ne reconnaît pas que la puissance de volonté suffise pour conférer à l'acquéreur le droit civil de servitude sanctionné par l'action confessoire, en dehors d'une forme spéciale, les pactes et stipulations. Comme c'est là le seul mode civil entre-vifs admis expressément par lui aux Institutes, on comprend pourquoi la *traditio-usus* demeure au Digeste un mode prétorien. On objectera peut-être qu'en droit byzantin il est de médiocre intérêt de distinguer le mode prétorien et le mode civil. Mais il est pourtant certain que les formules prétoriennes d'actions adaptées aux libelles de la procédure du temps de Justinien sont encore distinctes des formules civiles (1), et, d'ailleurs, les commentateurs byzantins tiennent toujours compte de ces différentes sortes de formules à propos de la tradition même.

La doctrine byzantine du vi^e siècle construite sur le Digeste par Stéphane justifie, en dernière analyse, notre opinion. Cette doctrine est absolument la doctrine classique sans la moindre modification. Stéphane traite de la valeur juridique de la tradition des servitudes en deux endroits (2), en commentant, d'abord le texte d'Ulpien (3) généralisé dont il vient d'être question, et ensuite le texte de Julien (4) sur la tradition du fidéicommis d'usufruit. Dans les deux endroits, il proclame comme un principe que l'usufruit est

---

(1) Cf. notre étude, *La persistance des formules d'action au Bas-Empire, etc.* (*Atti del Congresso internazionale di scienze storiche* ; Rome, 1904, t. IX, p. 63 et s.). — Le problème sera repris, avec toute l'ampleur qu'il comporte, au t. II de nos *Etudes historiques* consacré à la « Nature des actions et des autres voies de droit dans l'œuvre de Justinien ».

(2) Le texte des Basiliques correspondant à D. 8, 1, 20, manque malheureusement.

(3) Stéph. [*ad* l. 11, 1, D. 6, 2, *verb.* Publiciana datur], Bas. 15, 2, 11, sch. 10 (VII, p. 44).

(4) Stéph. [*index ad* l. 3, D. 7, 6], Bas. 16, 6, 3, sch. 2 (VII, p. 112).

constitué « valablement » (κυρίως), « légalement » (νομίμως), (c'est-à-dire « civilement »), par le legs ou les pactes et stipulations. En opposition à ces termes, il déclare que, par la tradition, l'usufruit est seulement établi « abusivement » (καταχρηστικῶς), ou « naturellement » (φυσικῶς), parce qu'il n'est pas possible de trader les choses incorporelles. Cette situation anormale qui peut résulter, suivant Théophile, le maître du scoliaste, du fait que le constituant n'était pas propriétaire, ou encore, suivant Stéphane lui-même, du fait que le *dominus* s'est dispensé des formes civiles, a reçu la sanction de la Publicienne et n'en a jamais reçu d'autre.

De ces différents arguments se dégage la conclusion que l'idée courante sur le caractère civil de la *traditio servitutium*'du Digeste ne peut pas viser la *traditio-usus*, celle qui a passé du droit prétorien dans l'œuvre de Justinien. Nous allons montrer qu'elle peut, au contraire, convenir à la *traditio-pactum* (1), en cherchant à préciser comment celle-ci se différencie de la première et en quelle manière elle est un acte civil.

II. — La « Traditio-pactum »

La tradition dont il va être 'question maintenant n'est pas une institution classique. Elle apparaît seulement à l'époque où le droit romain n'est plus le droit romain pur, après la formation du droit byzantin, dans les textes du Digeste où, chacun le reconnaît, les compilateurs ont substitué mécaniquement aux termes *mancipatio, mancipio dare, in mancipio* les mots correspondants de leur vocabulaire, *traditio, tradere, in tradendo* (2).

---

(1) De même, la prétendue infériorité de la tradition sur les modes formalistes signalée par Elvers (*op. cit.*, p. 708-709) au sujet des servitudes qu'il serait impossible d'imposer à des édifices non encore construits ou de stipuler à leur profit (Pomp., 33 *ad Sab.*, D. 8, 2, *de serv. praed. urb.*, 23, 1 ; Paul, 49 *ad Ed.*, D. 8, 3, *de serv. praed. rust.*, 10) ne se comprend que si l'on envisage la tradition comme *traditio-usus*; elle disparaît si l'on y voit la *traditio-pactum*.

(2) Il suffit, pour découvrir ces changements, de renvoyer aujourd'hui à la dernière édition du t. Ier du *Corpus iuris civilis* de Mommsen-P. Krueger.

. Le point intéressant est de fixer la nature de cette *traditio* . et son efficacité. Nous examinerons séparément les deux choses.

I. — La nature de la *traditio-pactum* est révélée dans tous ses éléments de composition par la correspondance la plus parfaite avec la mancipation. Cette tradition reproduit trait pour trait la fonction et les modalités de la mancipation constitutive de servitude; elle n'en a rejeté que la forme. De là résulte qu'il y a, entre la *traditio-pactum* et la *traditio-usus* (ou, si l'on veut, la *traditio et patientia*), les mêmes différences qu'entre celle-ci et la mancipation. Cette tradition, succédanée de l'acte formel, ne requiert pas plus que lui la remise de la possession de la servitude et la *patientia*. Cela se conçoit. Comme nous le voyons par les textes du Digeste rendus à leur état originaire, la constitution de la servitude était connexe à la mancipation de l'immeuble sur lequel ou au profit duquel on constituait la servitude; elle résultait de la volonté du constituant, volonté qui ne se manifeste pas, comme dans la *traditio et patientia* sous la forme toute négative du « laisser-faire, laisser-passer », mais qui s'exprime dans la mancipation même, sous la forme positive d'une *lex*. La conséquence, c'est que la servitude y naissait *ipso facto* de la volonté formulée, sans *usus* d'un côté, ni *patientia* de l'autre et c'est pourquoi on y rencontre le procédé de constitution par *deductio* (ou *retentio*) aussi bien que par *translatio*. Il en est exactement de même dans la tradition qui a remplacé la mancipation; la servitude s'y constitue par *deductio* comme par *translatio* (1), car la servitude y provient, non de l'usage, mais de la volonté.

C'est sur cet élément volontaire caractéristique de la tradition qu'il faut concentrer notre attention. Tout d'abord, nous constaterons qu'il porte parfois au Digeste la dénomination de *lex* (2), mot emprunté au vocabulaire classique de

____

(1) Girard, *op. cit.*, p. 375-376.

(2) Gaius, 7 *ad Ed. prov.*, D. 8, 4, *comm. praed.*, 3 : *Duorum praediorum dominus si alterum ea lege tibi dederit, ut id praedium quod datur serviat ei quod ipse retinet, vel contra, iure imposita servitus intelligitur.* — Ulpien, 28

la mancipation et dont l'emploi persistant montre clairement que le procédé nouveau est bien la suite de l'ancien. Il suffit d'indiquer la continuité de la terminologie, puisqu'il n'entre pas dans nos vues de faire, en ce court article, l'exégèse des textes qui parlent de cette *lex*.

Mais aussi, fait plus remarquable, les rédacteurs du Digeste ont identifié la même *traditio*, substitut de la mancipation, au *pactum*, c'est-à-dire au premier élément, à l'élément non formaliste du mode ordinaire de constitution des servitudes dans le droit romain de l'Orient, les pactes et stipulations. Voilà d'où vient notre appellation de *traditio-pactum*. C'est en insistant sur la synonymie établie entre les deux termes qu'on peut apporter un correctif à la doctrine courante, tant sur l'idée qu'elle présente de la tradition dans le droit de Justinien que sur son efficacité.

L'identité de la *traditio* et du *pactum* est mise hors de conteste par les interpolations d'un des rares textes qui mentionnent au Digeste les pactes et stipulations,

Africain, 9 *Quæst.*, D. 8, 3, *de serv. praed. rust.*, 33, pr. :

Cum essent mihi et tibi fundi duo communes Titianus et Seianus et in divisione convenisset ut mihi Titianus, tibi Seianus cederet, invicem partes eorum tradidimus (Afric. : mancipio dedimus) et in tradendo (Afric. : mancipio) dictum est ut alteri per alterum aquam ducere liceret : recte esse servitutem impositam ait (*s. ent.* Iulianus), [maxime si pacto stipulatio subdita est].

Il n'est pas douteux que, d'une part, le texte se référait dans l'ouvrage original d'Africain à la mancipation et que, d'autre part, la phrase finale vient des compilateurs (1).

La nature de la tradition s'y montre de la façon la plus

---

ad Sab., D. *eod. tit.*, 6, pr. : *Si quis duas aedes habeat et alteras tradat* (Ulp. : *mancipet*), *potest legem traditioni* (Ulp. : *mancipio*) *dicere, ut vel istae quae non traduntur* (Ulp. : *mancipantur*) *servae sint his quae traduntur* (Ulp. : *mancipantur*), *vel contra ut traditae* (Ulp. : *mancipatae*) *retentis aedibus serviant....*

(1) L'interpolation est reconnue par plusieurs auteurs (voy. nos *Etudes historiques*, t. I).

nette et ce seul texte servira d'illustration aux développements précédents. En droit classique, les parties exécutaient leur convention de partage par les mancipations réciproques des parts indivises des deux fonds. C'est dans les *leges mancipationis* (orales sous le nom de *nuncupationes* ou plus fréquemment écrites) qu'elles formulaient leur volonté de se concéder l'une à l'autre la servitude d'aqueduc que Julien déclarait valablement constituée en droit par ce procédé. La tradition a remplacé, au Digeste, la mancipation. Il est de toute évidence qu'elle se présente ici avec une fonction analogue à celle de la mancipation. Comme celle-ci, elle n'est autre chose qu'un acte direct de constitution de la servitude, exprimant dans la *lex traditionis* la volonté réciproque de se concéder la servitude. Cette tradition, — qui, en pratique, s'effectuera, comme s'effectue la tradition de la propriété, par une *epistula traditionis*, et qui est totalement différente de l'*usus*, — répond, dans la pensée des rédacteurs révélée par la dernière phrase, à la notion du *pactum* constitutif de servitude, le pacte qui, lui aussi, intervient à la suite d'une convention ou d'un contrat, le pacte qui, en Orient, fait corps avec la stipulation pour former le mode normal des *pactiones et stipulationes* de Gaius et de Justinien (1).

Quoique ce texte soit le seul au Digeste à faire le rapprochement, il n'y a aucune raison de penser que les commissaires n'ont pas regardé d'une façon générale la tradition comme identique au pacte (2) et leur dessein en le faisant

---

(1) Elvers, *op. cit.*, p. 706, n. *n*, qui n'a pas soupçonné l'interpolation de la phrase finale, ne peut pas définir la nature du pacte visé par elle ni en faire comprendre le rapport avec la mancipation qu'il admet pourtant.

(2) Dans le texte du D. 7, 1, 25, 7 (mentionné plus haut, p. 7, n. 2), les mots interpolés *per traditionem* à côté de *vel stipulationem* ne peuvent-ils pas se prendre dans le sens de *traditio-pactum* aussi bien que dans le sens où on les prend toujours de *traditio-usus*? — Il est regrettable que les scolies de Stéphane nous manquent sur les textes de la matière. Mais, à défaut, on peut citer le passage démonstratif d'un de ses contemporains, Cyrille [*ad* l. 5 D. 2, 14], Bas. 11, 1, 5, sch. un. (Heimbach, I, p. 557) : ποτὲ ἀπό ψιλοῦ πάκτου συνίσταται ἀγωγή, ἐάν τις τραδιτεύων ἀγρὸν οὕτως εἴπη· τραδιτεύω σοι τὸν ἀγρόν, ἵνα ἔχω ἐγώ τούτου τὸν οὐσουφροῦκτον, τήν χρῆσιν τῶν καρπῶν ἤ τὴν πάροδον. ἐπειδὴ ταύτην τὴν κονβεντίονα ἤτοι τὸ σύμφωνον ἰδικῶς νόμος κυροῖ λέγων, ἐρρῶσθαι τὰ ἐν τῇ τραδιτίονι γινόμενα σύμφωνα, δύναται ὁ τραδιτεύσας ἐκδικῆσαι τὴν χρῆσιν τῶν

paraît clair. Ce qui a poussé les rédacteurs du Digeste à cette assimilation, c'est le désir de sauvegarder l'unité de l'institution orientale qui a pris, en pratique, la place du procédé quiritaire. La tradition, en tant qu'elle servait à transférer la propriété, n'avait aucune analogie avec le pacte : *traditionibus et usucapionibus, dominia rerum non nudis pactis transferuntur*; mais la constitution des servitudes s'y présentant comme une *lex*, la similitude avec le *pactum* était complète. Les Byzantins n'ont pas manqué de la mettre en évidence et de là résulte notre conclusion sur la nature de la tradition : la tradition, envisagée comme succédanée de la mancipation, la *traditio-pactum*, ne forme pas un mode spécial de constitution des servitudes à placer, en droit byzantin, à côté des pactes et stipulations; elle n'est qu'un pacte, donc le premier élément du mode ordinaire entre-vifs.

II. — Venons à son efficacité juridique. La doctrine courante a raison d'affirmer que la tradition est un mode civil, si elle entend par là la *traditio-pactum* et non point la *traditio-usus*. La conclusion précédente met en lumière ce caractère civil. Encore ne faudrait-il pas croire que la tradition, mode civil, a une valeur juridique absolue, comparable à celle des pactes et stipulations ou du legs, comme la doctrine semble portée à le penser.

Il ressort, au contraire, de la retouche apportée au texte d'Africain par la courte phrase : *maxime si pacto stipulatio subdita est* que la tradition n'est, en vérité, qu'un mode civil incomplet. Le Digeste admet bien que la servitude constituée par *traditio-pactum* est une servitude civile, *recte imposita*, — c'était l'opinion de Julien pour la mancipation; — mais le Digeste ajoute : « surtout si au pacte on adjoint une stipulation ». N'est-ce pas dire que la tradition n'est qu'un mode civil imparfait? Les compilateurs n'entendent-ils pas exprimer clairement par là que la tradition ne repré-

---

καρπῶν (Aliquando ex nudo pacto actio gignitur, si quis agrum tradens dixerit : Trado tibi agrum, ut eius usumfructum vel reditum habeam. Quia hanc conventionem sive pactum lex specialiter confirmat, quae dicit, pacta in traditione inita valere, is, qui tradidit, usumfructum vindicare potest).

sente qu'une partie de l'acte complet, les pactes et stipulations, dont l'élément essentiel pour eux est la stipulation ? (1).

Cette conception qui abaisse l'effet de la tradition, sans cependant l'empêcher d'être un mode civil et sans la mettre sur le pied du mode prétorien de la *traditio-usus* (dernière différence entre les deux modes), procède d'ailleurs encore de l'assimilation de la tradition avec le pacte. Aussi il nous paraît probable que l'assimilation n'a pu être faite qu'en Orient et n'a pu être exprimée par l'œuvre de Justinien qu'à raison de son caractère oriental. Au contraire, quand la tradition des servitudes a remplacé ou doublé la mancipation en Italie, où les pactes et stipulations n'ont jamais été admis avant l'introduction de la législation de Justinien (2), la tradition a pu s'y présenter avec un caractère franchement civil.

L'opinion courante a donc pleinement raison seulement en ce qui concerne l'Italie du Bas-Empire, non en ce qui touche le droit de Justinien, et seulement aussi à condition de changer le sens du mot *traditio*. Car, pour nous résumer, la tradition, dans le droit de Justinien, ne représente, à aucun égard, un mode civil spécial de constitution des servitudes, analogue au legs ou aux pactes et stipulations. Ou elle est, sous la forme de *traditio* (*usus*) *et patientia*, un mode prétorien. Ou elle se confond avec le premier élément (*pactum*) des pactes et stipulations, en n'étant alors qu'un mode civil imparfait.

Paul Collinet,

Professeur à la Faculté de Droit de l'Université de Lille.

---

(1) La remarque que nous tirons du passage ajouté à Africain, permet de joindre une objection à celles qui ont déjà été présentées contre le système de M. Perozzi (*Riv. ital.*, XXIII, p. 3 et suiv.). Cet auteur suivi par M. H. Krüger, *op. cit.*, p. 4, 14-17 (qui ne cite d'ailleurs nulle part l'étude de Perozzi) a soutenu que le cumul des pactes et stipulations n'était pas nécessaire ; le pacte seul aurait suffi pour créer la servitude provinciale. Ferrini, *op. cit.*, § 382, p. 493, n. 4, lui a déjà opposé, en plus du témoignage de Théophile (*Paraph. Inst.*, 2, 3, 4), qu'en fait le cumul était toujours, ou du moins généralement, constaté. L'efficacité incomplète du pacte seul prouvée par l'addition signalée ne va-t-elle pas aussi contre son idée ?

(2) C'est du moins l'opinion soutenue dans nos *Études historiques.*

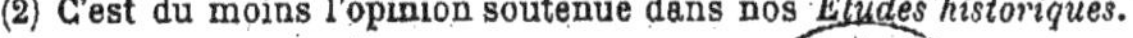

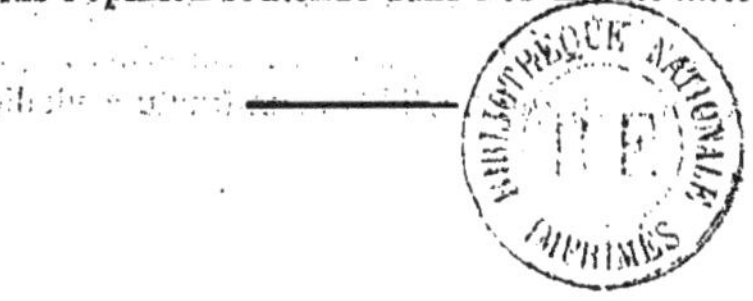

BAR-SUR-SEINE. — IMPRIMERIE Vᵉ C. SAILLARD.